Le Bleu au point de croix

À *Emma*

Directrice de collection
Nouchka Pathé

Stylisme
Dominique Turbé

Maquette
Nadine Sévin

Imprimé en Italie par Canale

Dépôt légal : 4e trimestre 2001
ISBN : 2-283-58459-0

Catherine Allègre-Papadacci

Le Bleu
au point de croix

Photographies de Xavier de Bascher

Le Temps Apprivoisé
18, rue de Condé
75006 paris

Sommaire

Conseils techniques

Pour broder au point de croix, utilisez deux brins de Mouliné sur deux fils de trame. Pour le point de piqûre ou le point de nœud, brodez avec un brin, sauf indications contraires.

Adaptez le nombre de brins en fonction de la toile si vous changez la préconisation.

Il est recommandé de commencer à broder par le milieu afin de bien centrer sa broderie. Repérez ce milieu en pliant la toile en quatre.

La broderie terminée, repassez-la soigneusement sur l'envers avec une pattemouille.

Les poissons

Fournitures

• **Toile de lin blanc** *(12 fils/cm)*
37 × 35 cm (10 cm de marge)

• **Mouliné Spécial DMC art 117,**
1 échevette des coloris suivants :
bleu dégradé 121, 103 ; bleu 161, 159
quelques brins des différents bleus :
3747, 156, 340, 333, 155, 3746, 341, 793, 157, 794, 792, 791, 3840, 3839, 3807, 158, 800, 799, 809, 798, 796, 820, 3838, 797, 162, 813, 775, 827, 3756, 828, 826, 824, 825, 803, 3841, 3325, 3755, 322, 334, 311, 312, 336, 3753, 932, 3752, 931, 930, 3750, 996, 995, 3846, 3844, 3761, 518, 519, 3760, 517, 3842, 747, 807, 3766, 3765, 3811, 597, 598, 3810, 3809, 3808, 823

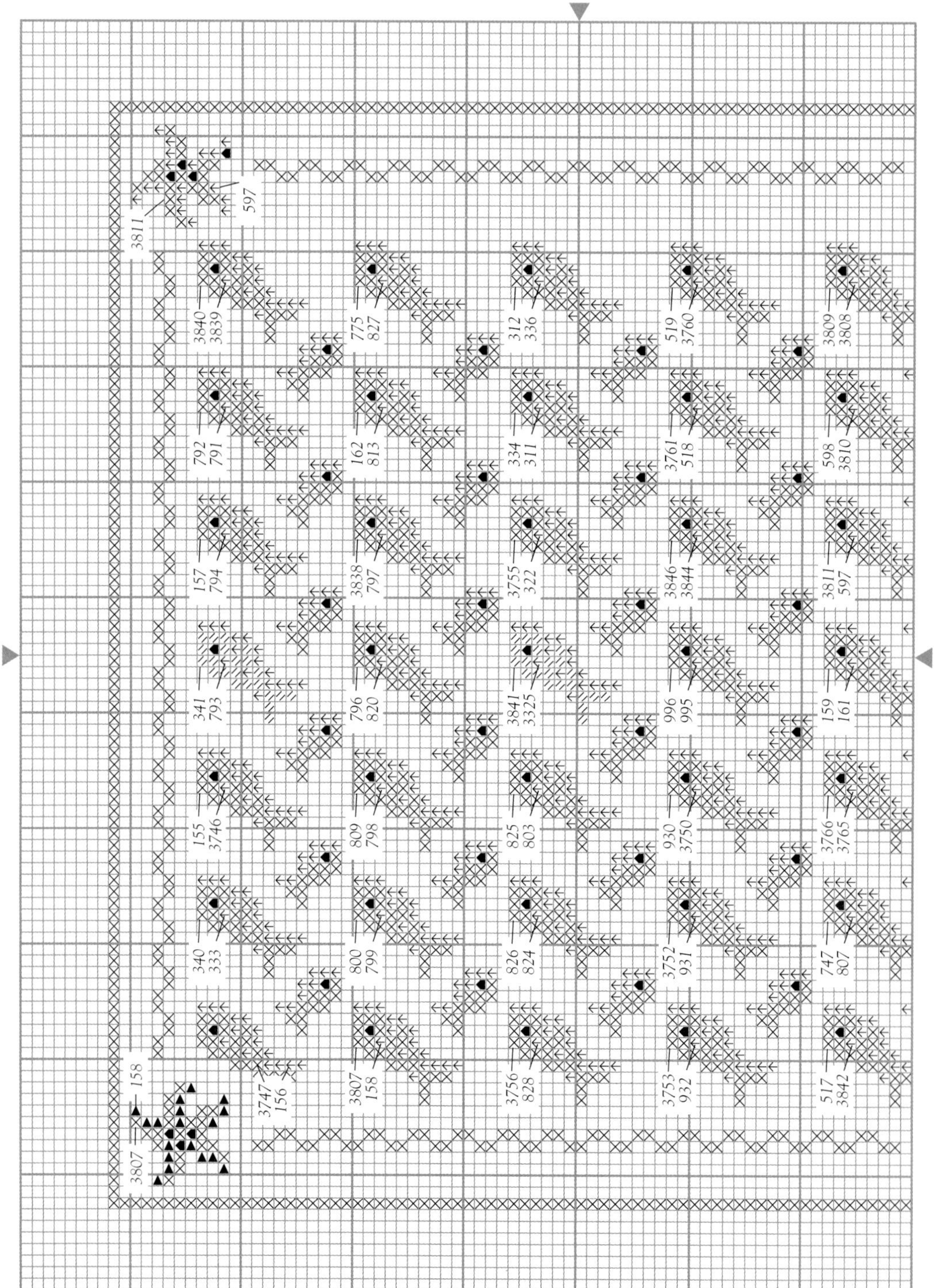

3811
597
3840
3839
775
827
312
336
519
3760
3809
3808
792
791
162
813
334
311
3761
518
598
3810
157
794
3838
797
3755
322
3846
3844
3811
597
341
793
796
820
3841
3325
996
995
159
161
155
3746
809
798
825
803
930
3750
3766
3765
340
333
800
799
826
824
3752
931
747
807
158
3807
3747
156
3807
158
3756
828
3753
932
517
3842

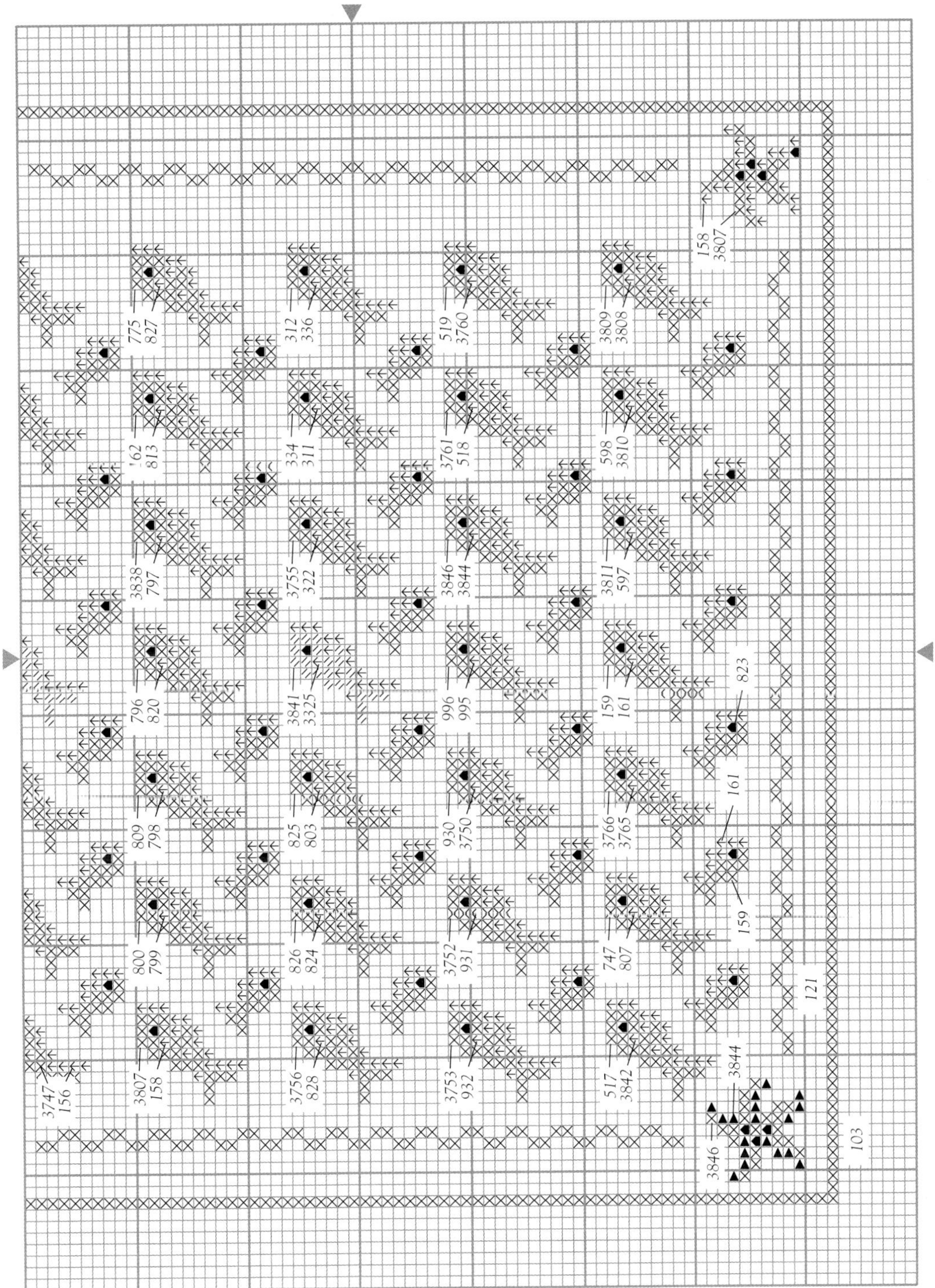
158
3807
775
827
312
336
519
3760
3809
3808
162
813
334
311
3761
518
598
3810
3838
797
3755
322
3846
3844
3811
597
796
820
3841
3325
996
995
159
161
823
809
798
825
803
930
3750
3766
3765
161
800
799
826
824
3752
931
747
807
159
121
3747
156
3807
158
3756
828
3753
932
517
3842
3844
3846
103

L'abécédaire lavande

Fournitures

• ***Toile de lin bis*** *(12 fils/cm)*
37 × 35 cm (10 cm de marge)

• ***Mouliné Spécial DMC art 117,***
1 échevette des coloris suivants :
blanc 3865 ;
grège 3866 ;
bleu 155, 3746, 340 ;
vert 561, 163

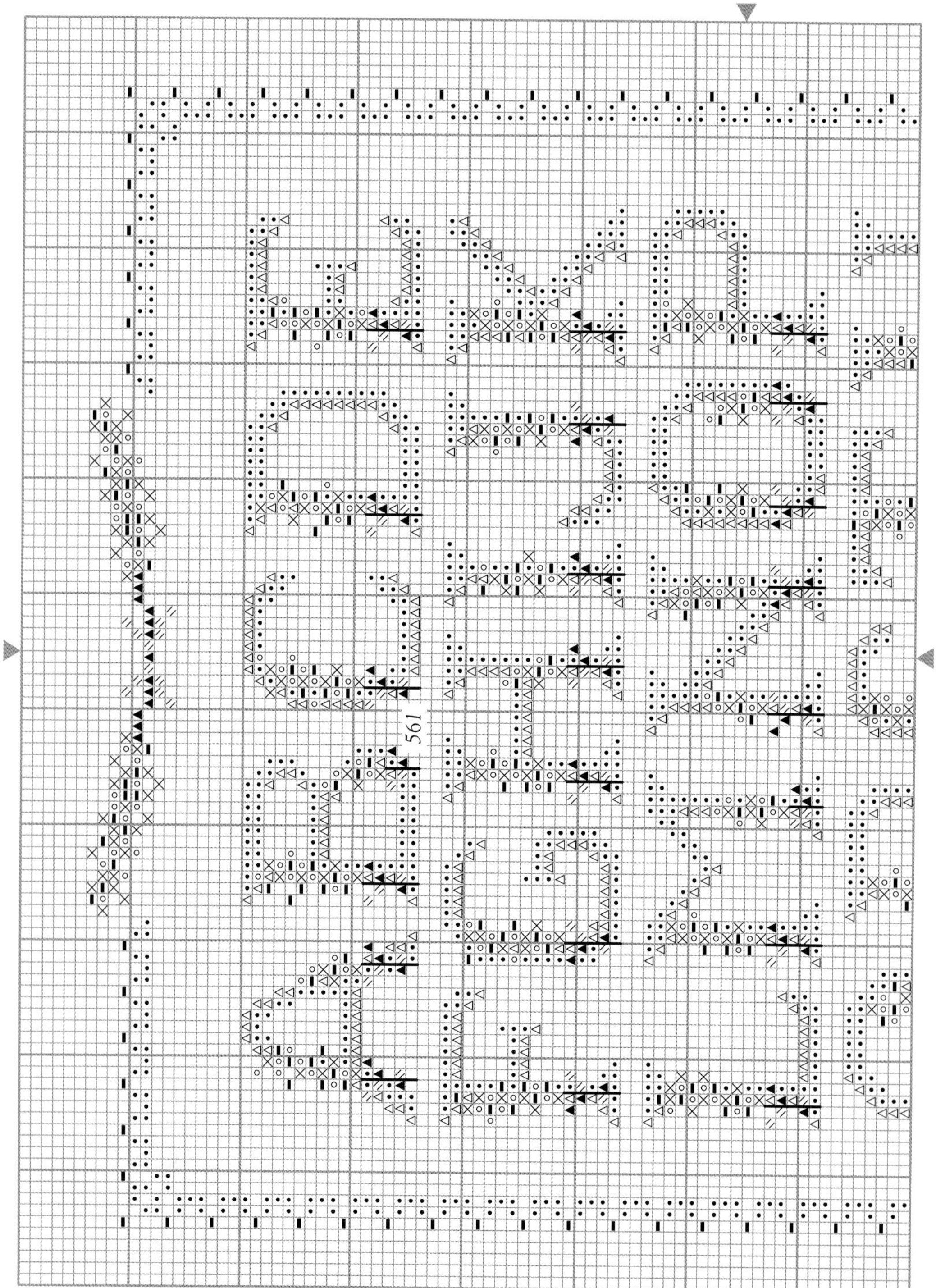
561

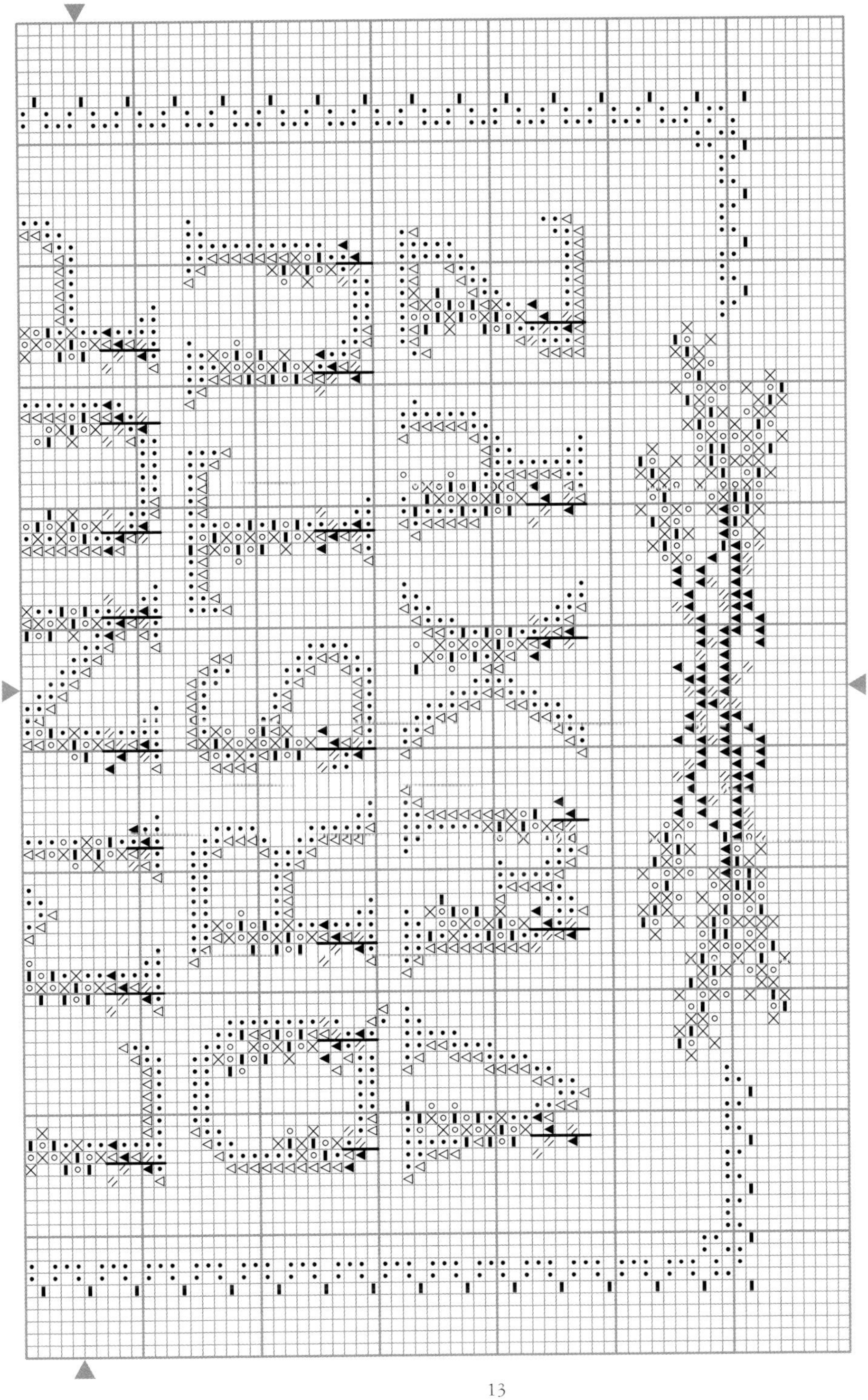

- [•] 3865
- [☒] 155
- [▬] 3746
- [○] 340
- [▲] 561
- [⧄] 163
- [△] 3866

Les maisons bretonnes

Fournitures

- ***Toile de lin blanc*** *(12 fils/cm)*
  38 × 38 cm (10 cm de marge)

- ***Mouliné Spécial DMC art 117,***
  1 échevette des coloris suivants :
  vert 164, 163, 561 ;
  rose 151, 3833 ;
  rouge 356 ;
  blanc 3865 ;
  grège 3866 ;
  bleu 3839, 3838, 158, 3840 ;
  gris 168, 169 ;
  beige 3782

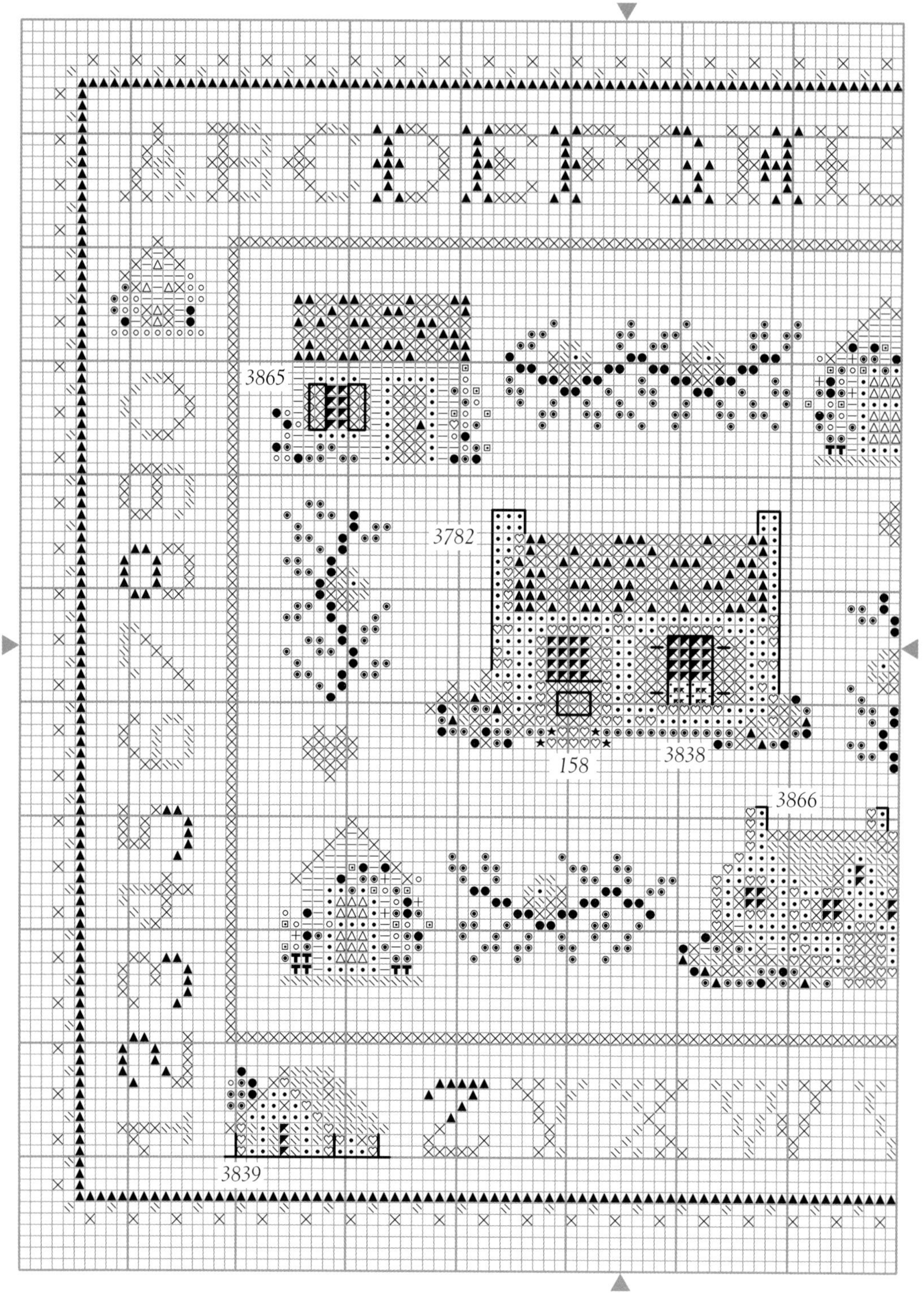
3865
3782
158
3838
3866
3839

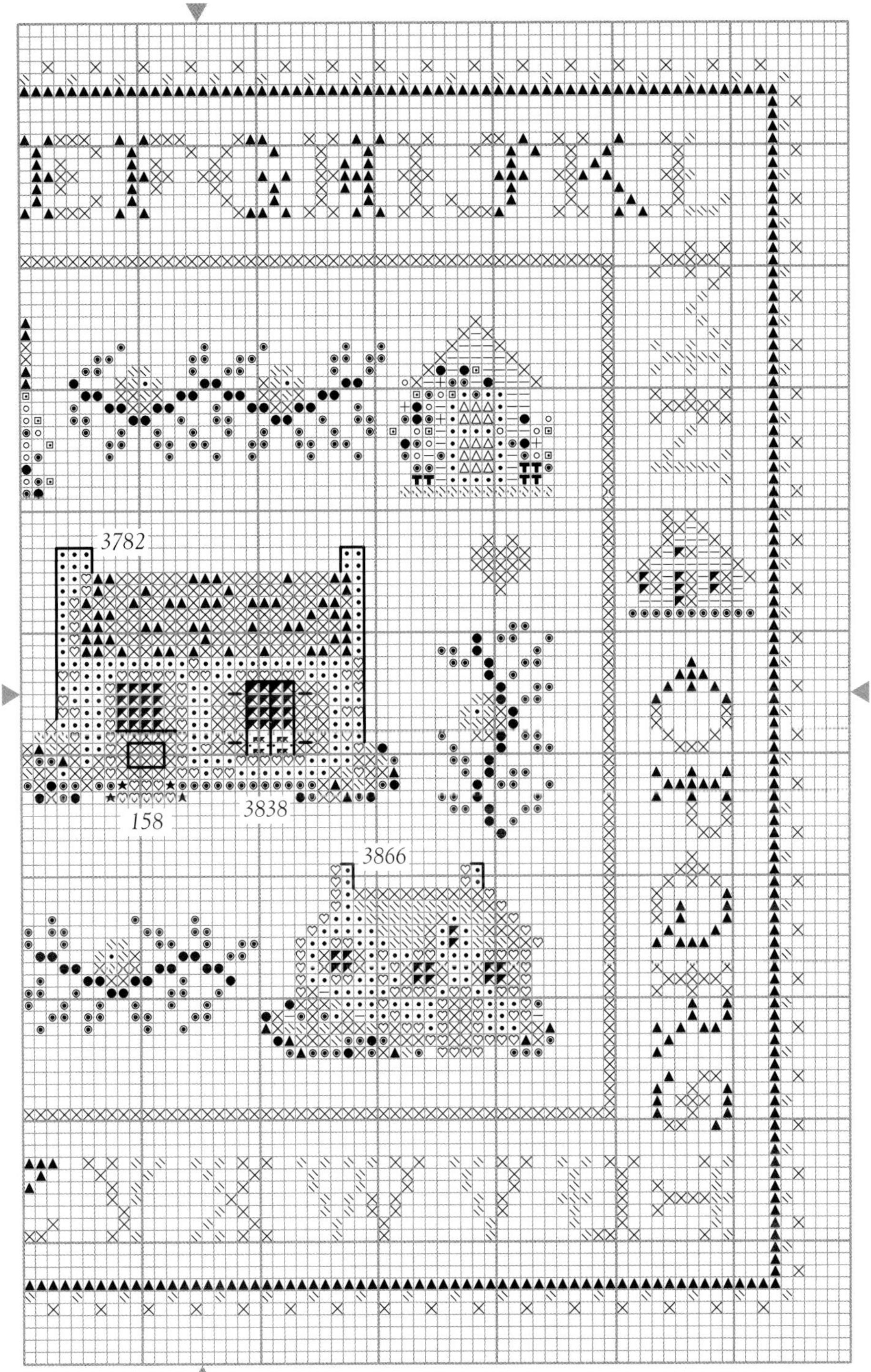

⧅	3839
☒	3838
▲	158
–	3840
○	164
◉	163
●	561
+	151
⊡	3833
T	356
•	3865
△	168
◤	169
★	3782
♡	3866

ABCD
EFGHIJK
LMNOPQ
RSTUV
WXYZ

Le cœur de baies bleues

Fournitures

• ***Toile de lin blanc*** *(12 fils/cm)*
37 × 37 cm (10 cm de marge)

• ***Mouliné Spécial DMC art 117,***
1 échevette des coloris suivants :
vert 164, 163, 3817 ;
blanc 3865 ;
marron 167 ;
bleu 156, 158

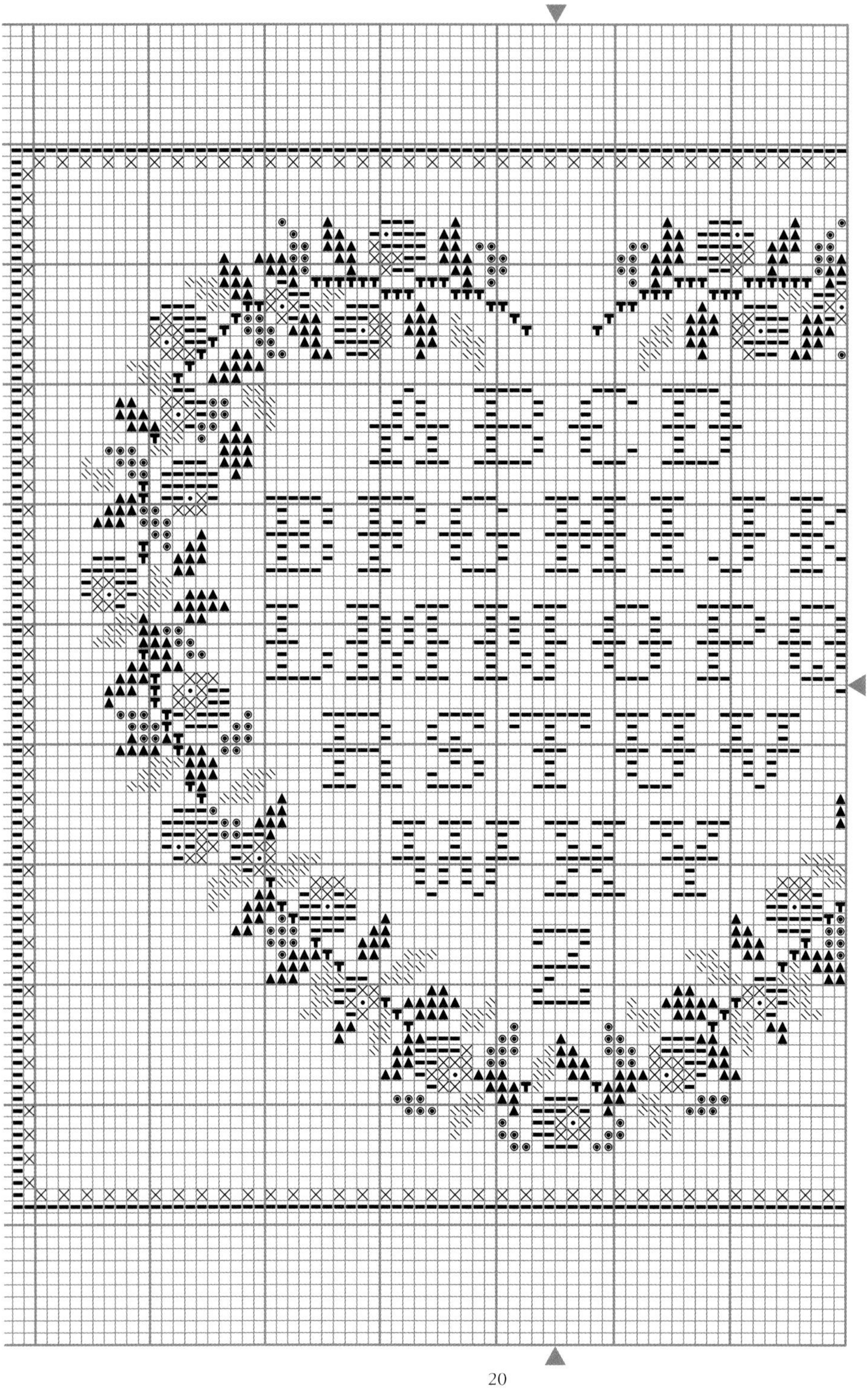

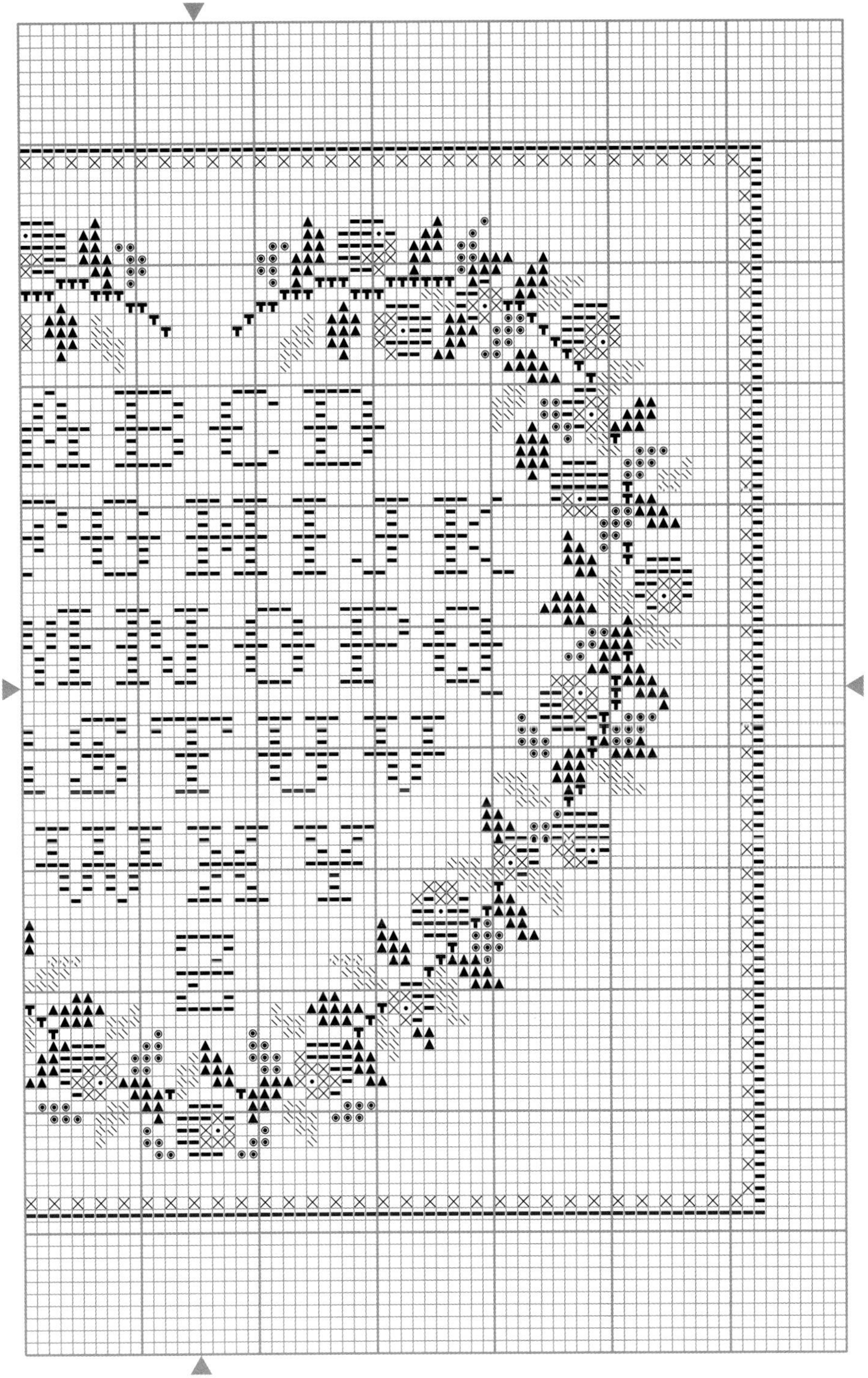

☒	156
▬	158
T	167
•	3865
◉	3817
▲	163
⧅	164

La danse

Fournitures

• **Toile de lin blanc** *(12 fils/cm)*
36 × 40 cm (10 cm de marge)

• **Mouliné Spécial DMC art 117,**
1 échevette des coloris suivants :
jaune 3822 ;
chair 3770, 945 ;
rose 761 ;
gris 168 ;
blanc 3865 ;
bleu 158, 156

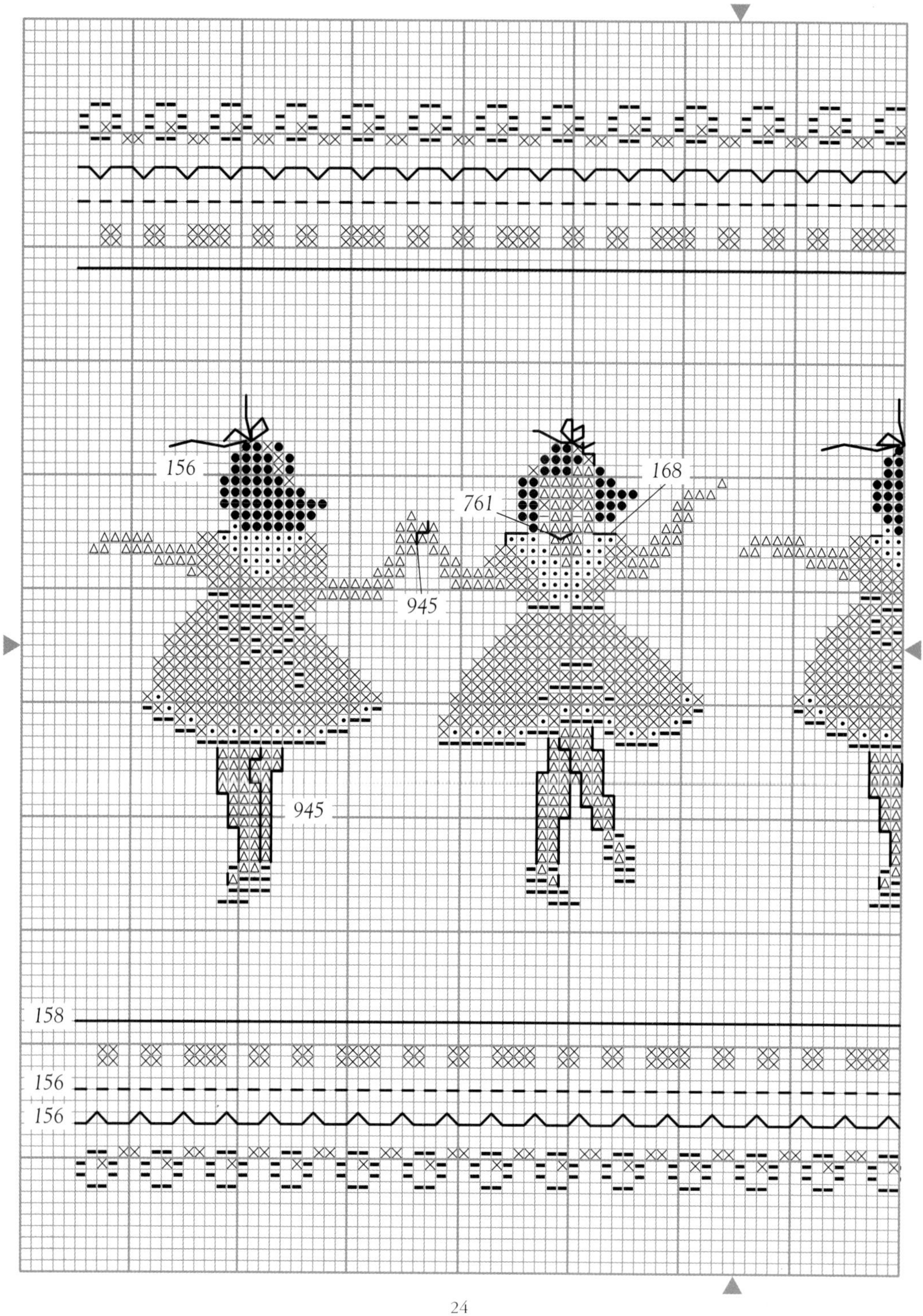
156
168
761
945
945
158
156
156

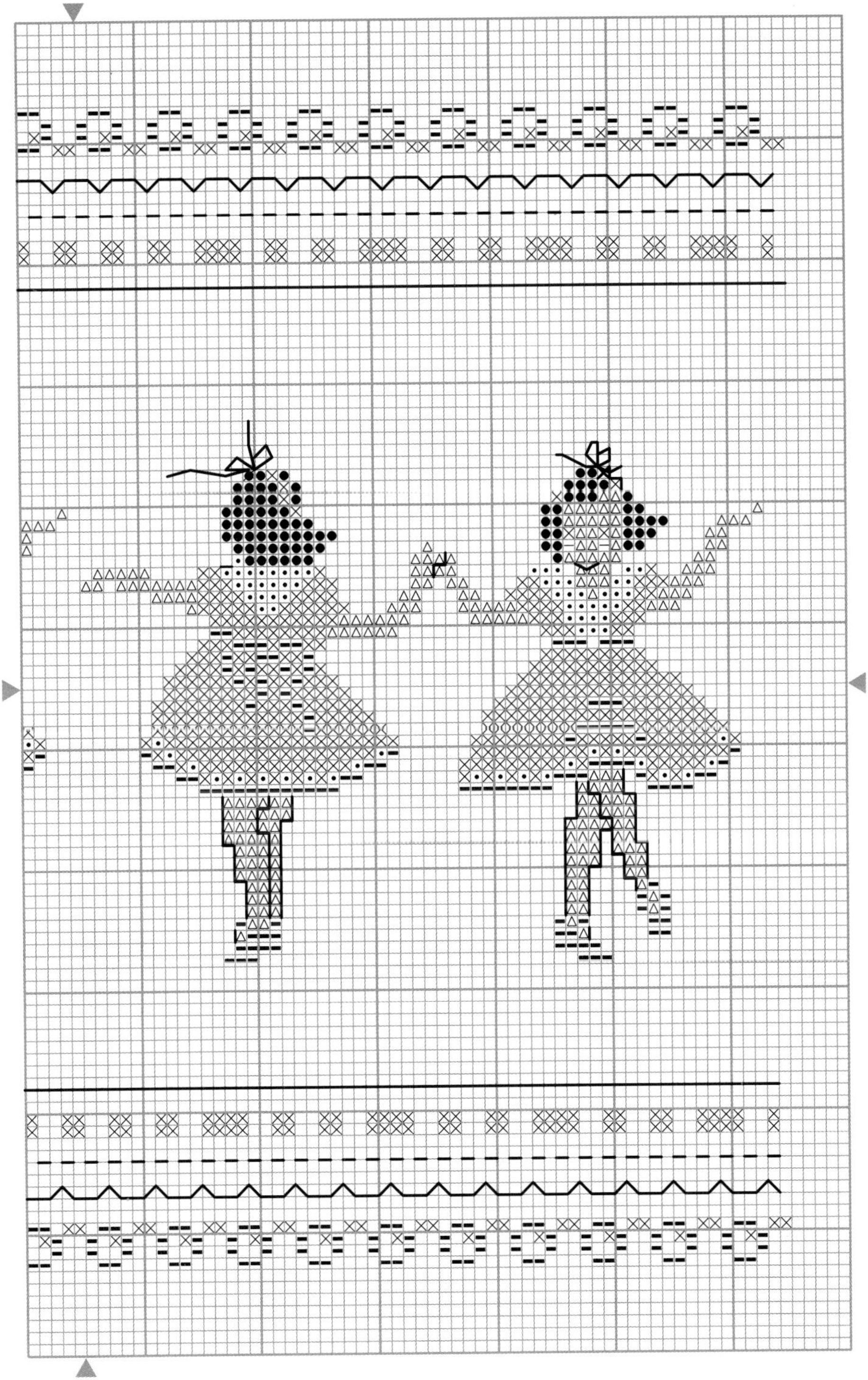

●	3822
△	3770
—	761
•	3865
▬	158
☒	156

B
C

Le marquoir

Fournitures

- **Toile de lin blanc** *(12 fils/cm)*
  38 × 44 cm (10 cm de marge)

- **Mouliné Spécial DMC art 117,**
  1 échevette des coloris suivants :
  bleu 159, 161
  2 échevettes du coloris suivant :
  bleu 160

⊡ 159	⊠ 160	■ 161

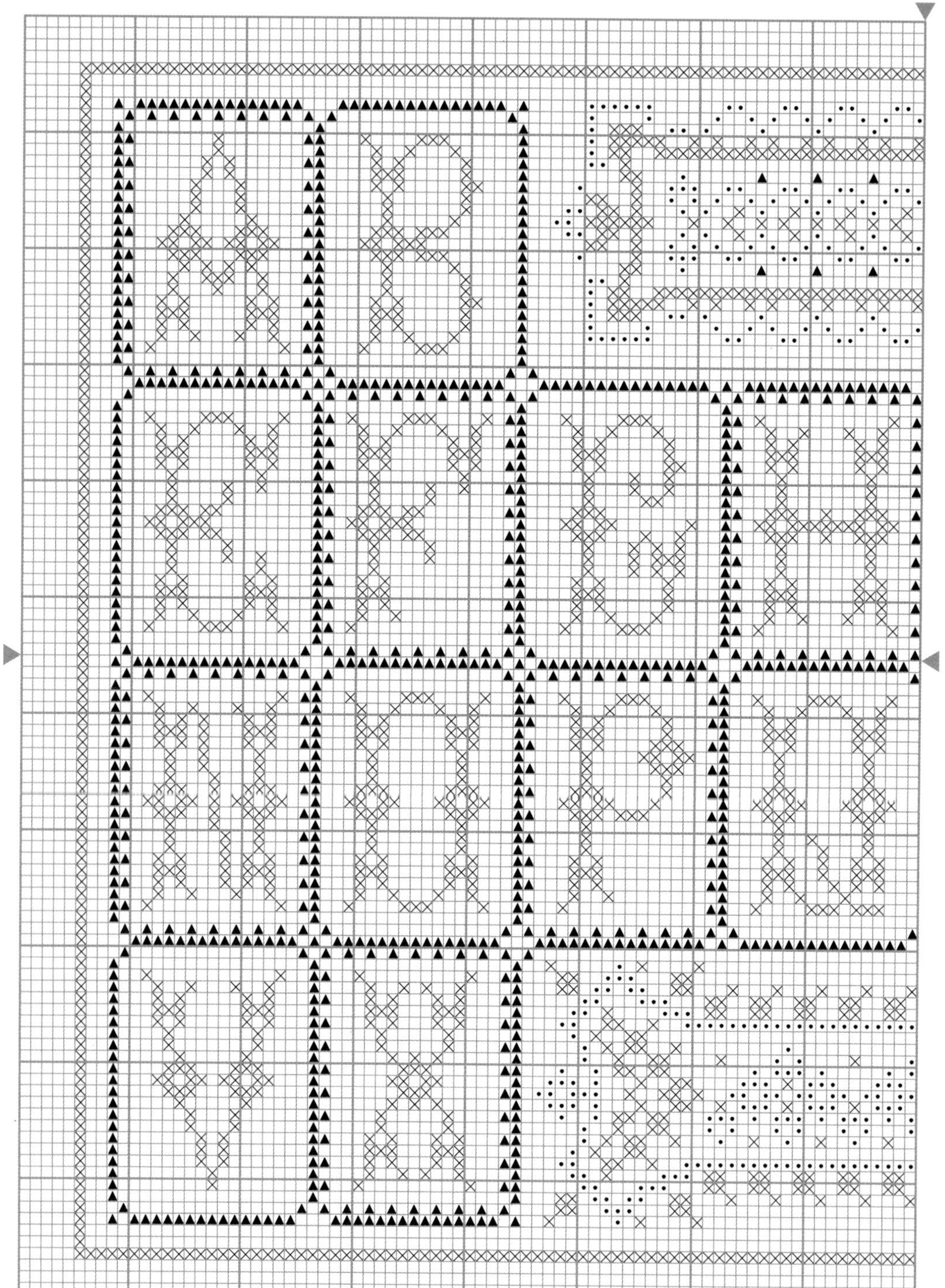

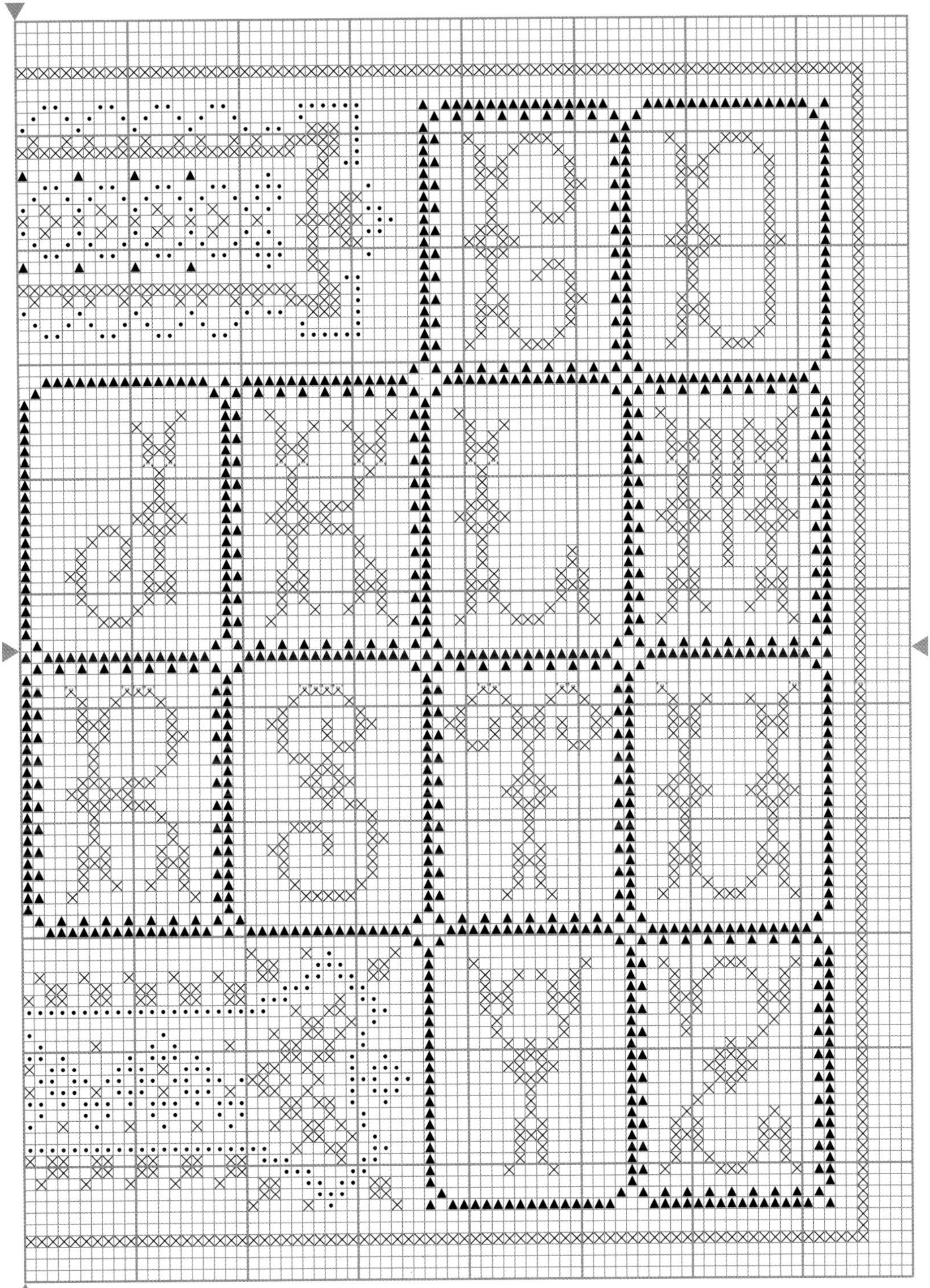

18.02.2002
clément

Le tableau de naissance

Fournitures

• **Toile de lin blanc** *(12 fils/cm)*
37 × 41 cm (10 cm de marge)

• **Mouliné Spécial DMC art 117,**
1 échevette des coloris suivants :
jaune 728 ;
marron 801, 434, 435, 437 ;
vert 164, 163 ;
bleu 156, 158, 3747, 3839, 3840 ;
Blanc

Page 48, vous trouverez la grille des lettres et des chiffres pour composer le texte de votre choix.

18.02.200

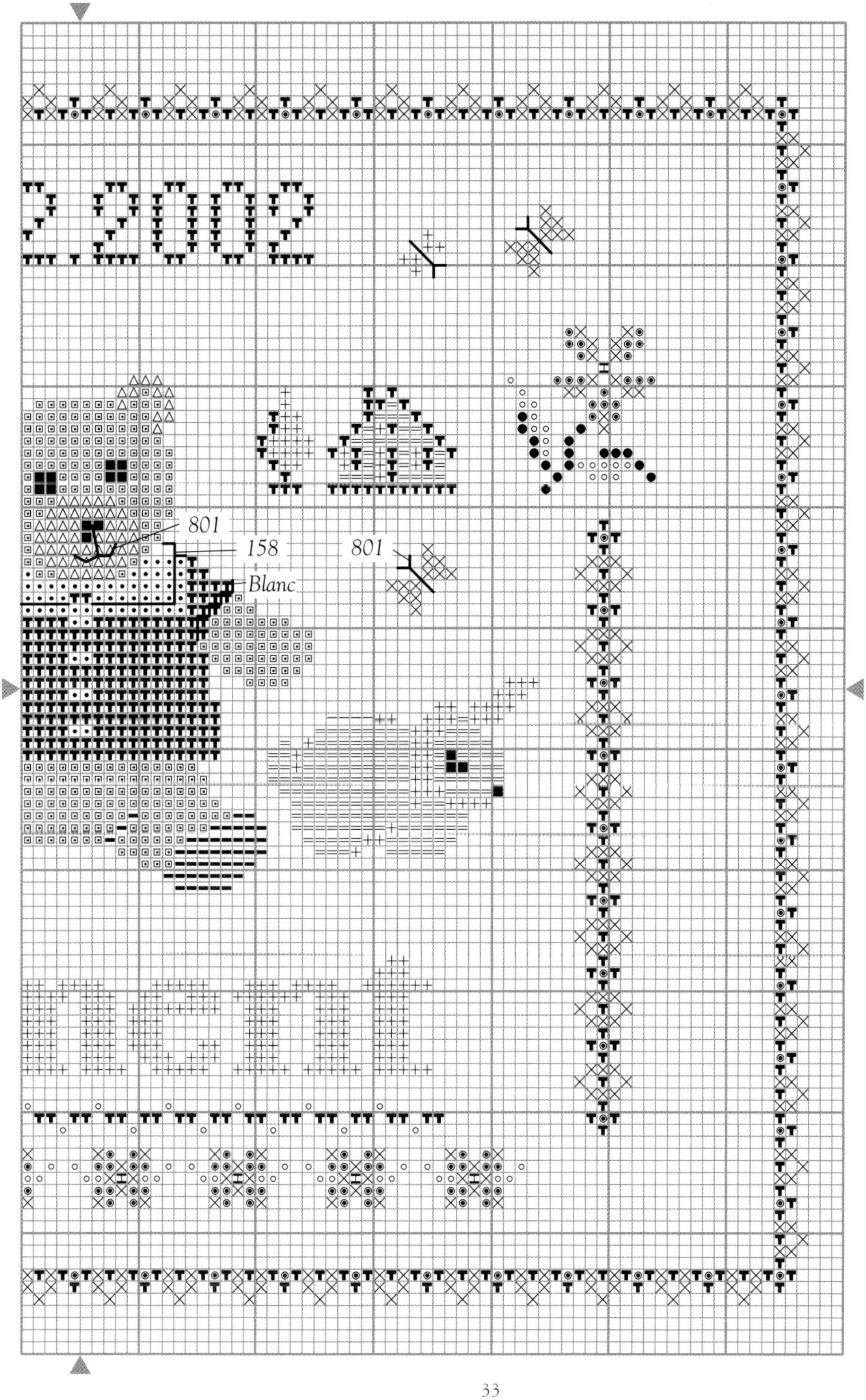

•	Blanc
○	164
●	163
■	801
▬	434
⊡	435
△	437
I	728
⊠	156
T	158
⊙	3747
+	3839
≡	3840

Les monochromes

Fournitures

• **Toile de lin bleu** *(12 fils/cm)*
30 × 30 cm (10 cm de marge), pour un carré

• ***Mouliné Spécial DMC art 117,***
3 échevette du coloris suivant :
blanc 3865

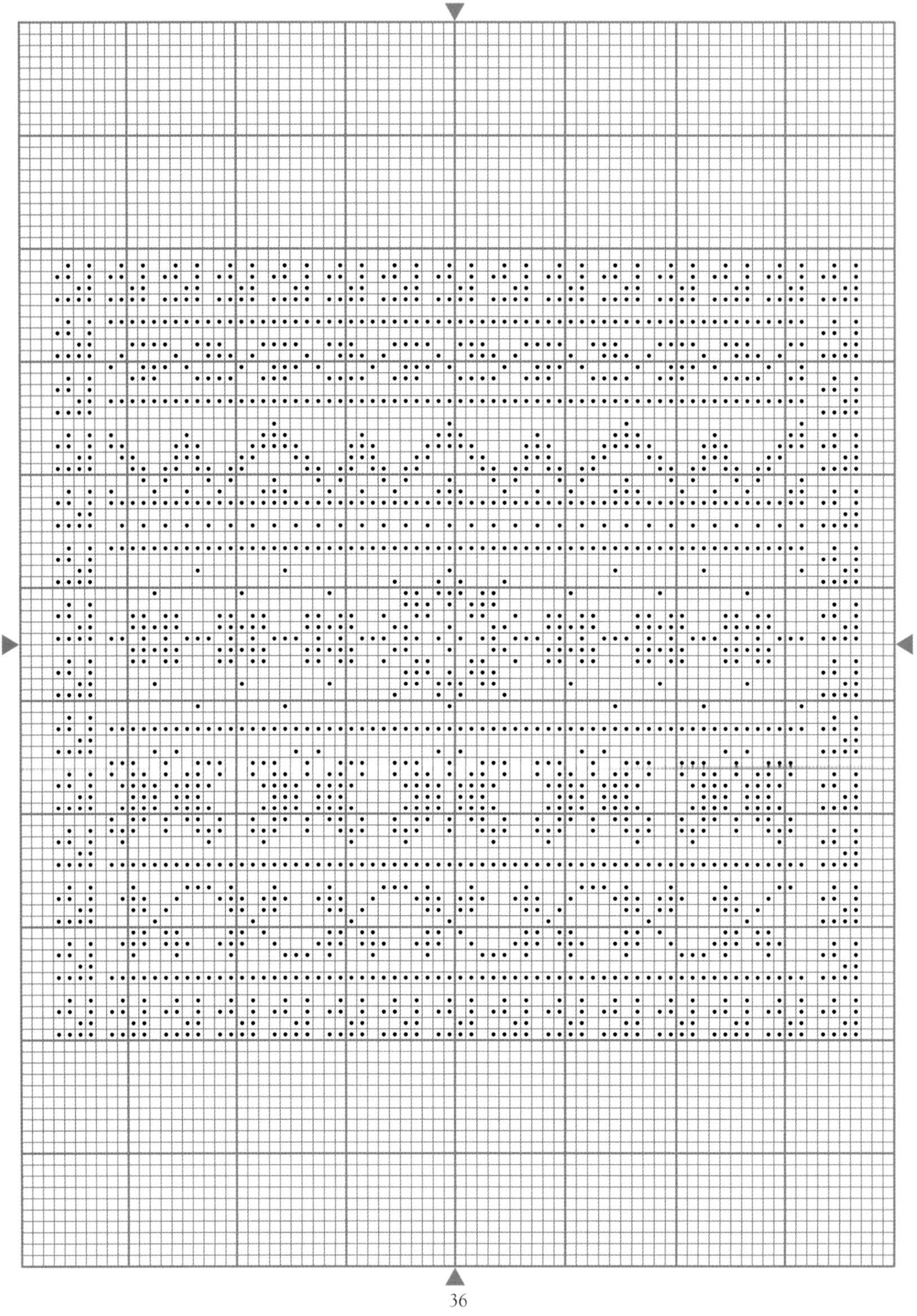

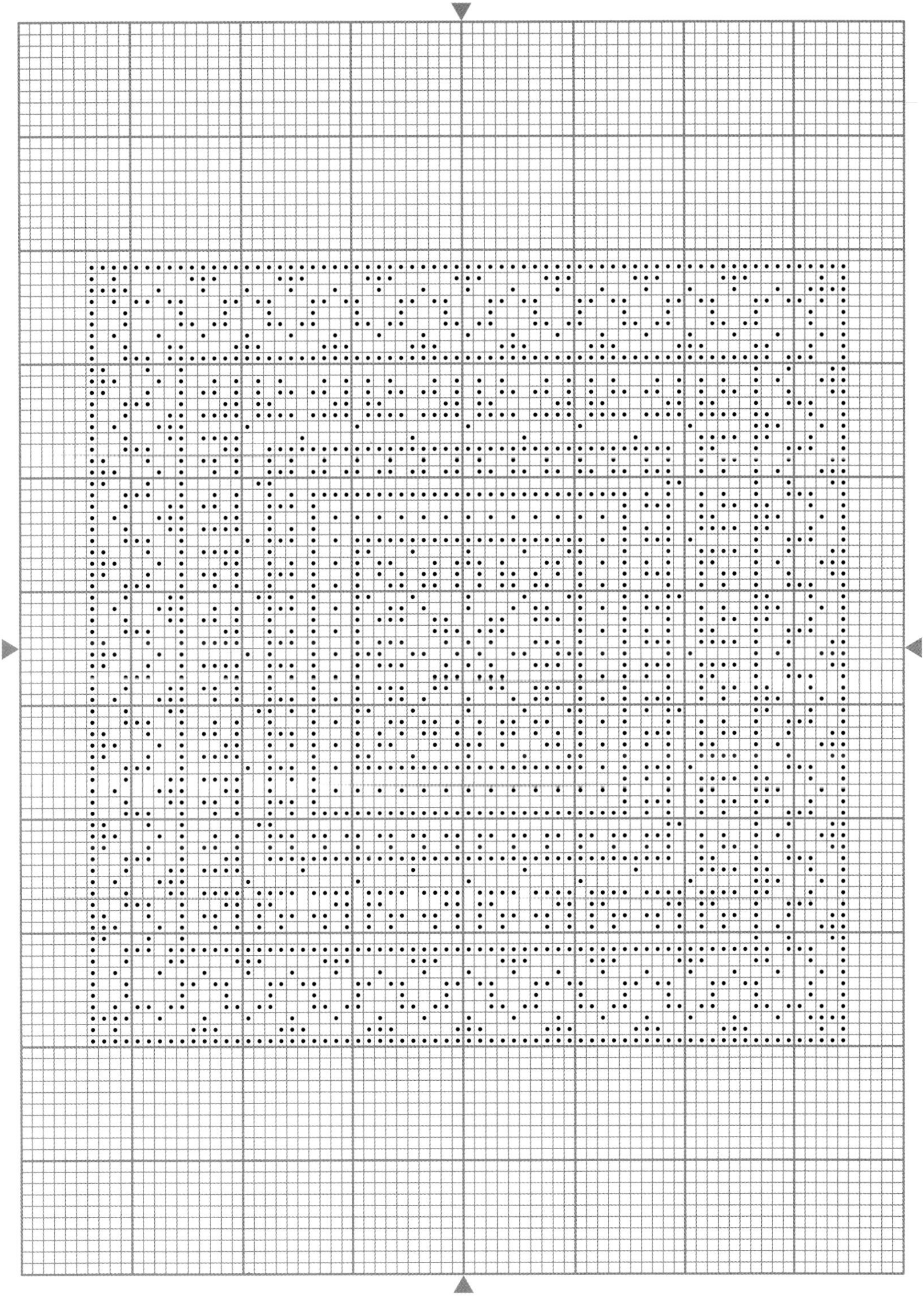

OCEAN

L'océan

Fournitures

• **Toile de lin blanc** *(12 fils/cm)*
39 × 46 cm (10 cm de marge)

• **Mouliné Spécial DMC art 117,**
1 échevette des coloris suivants :
vert 3851 ;
bleu 158, 3846, 157, 156, 3844 ;
Argent

▲ 158	⊡ 157	⊠ 3851	◉ 3844
⧅ 3846	⊟ 156	⊙ Argent	

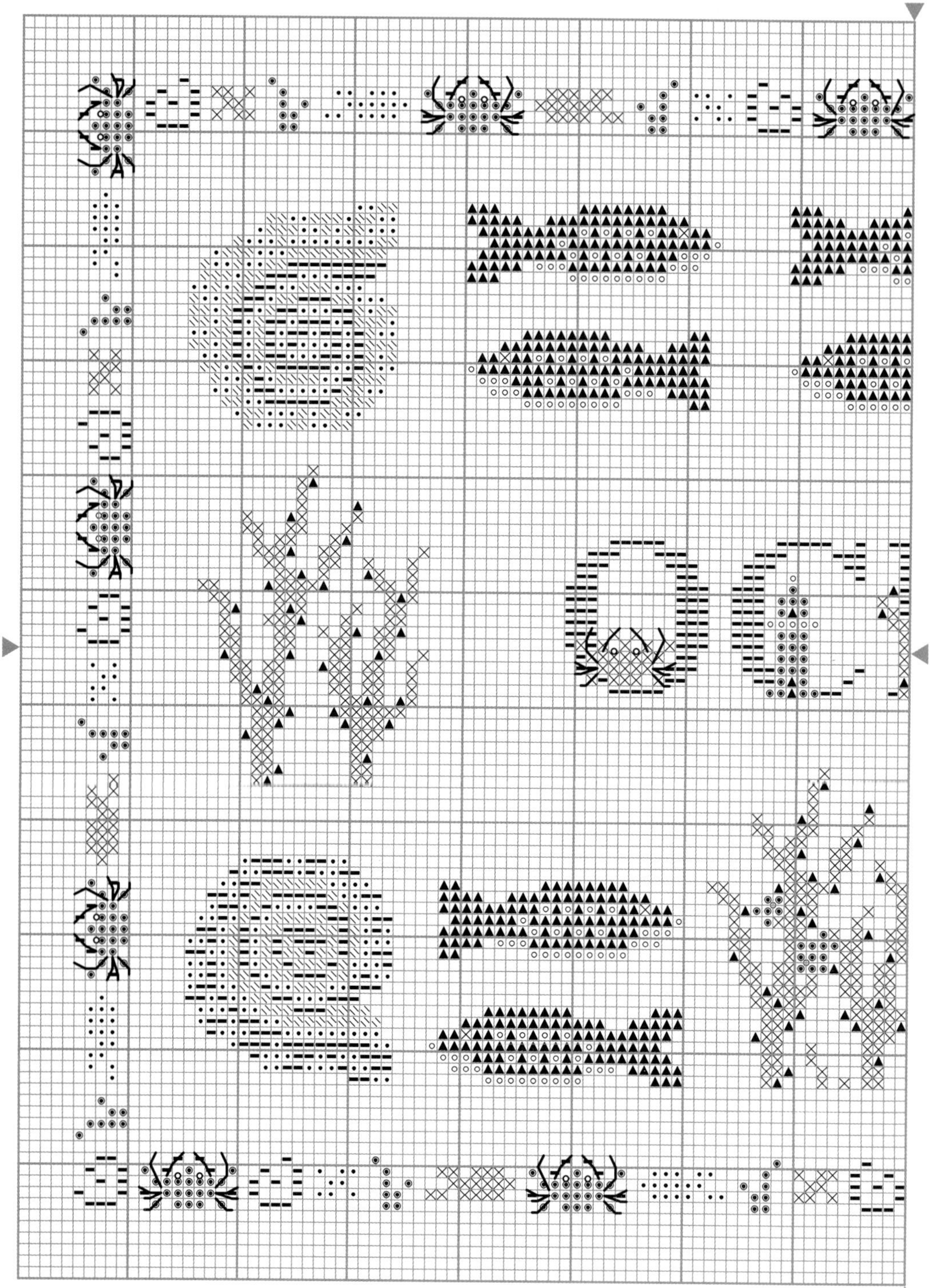

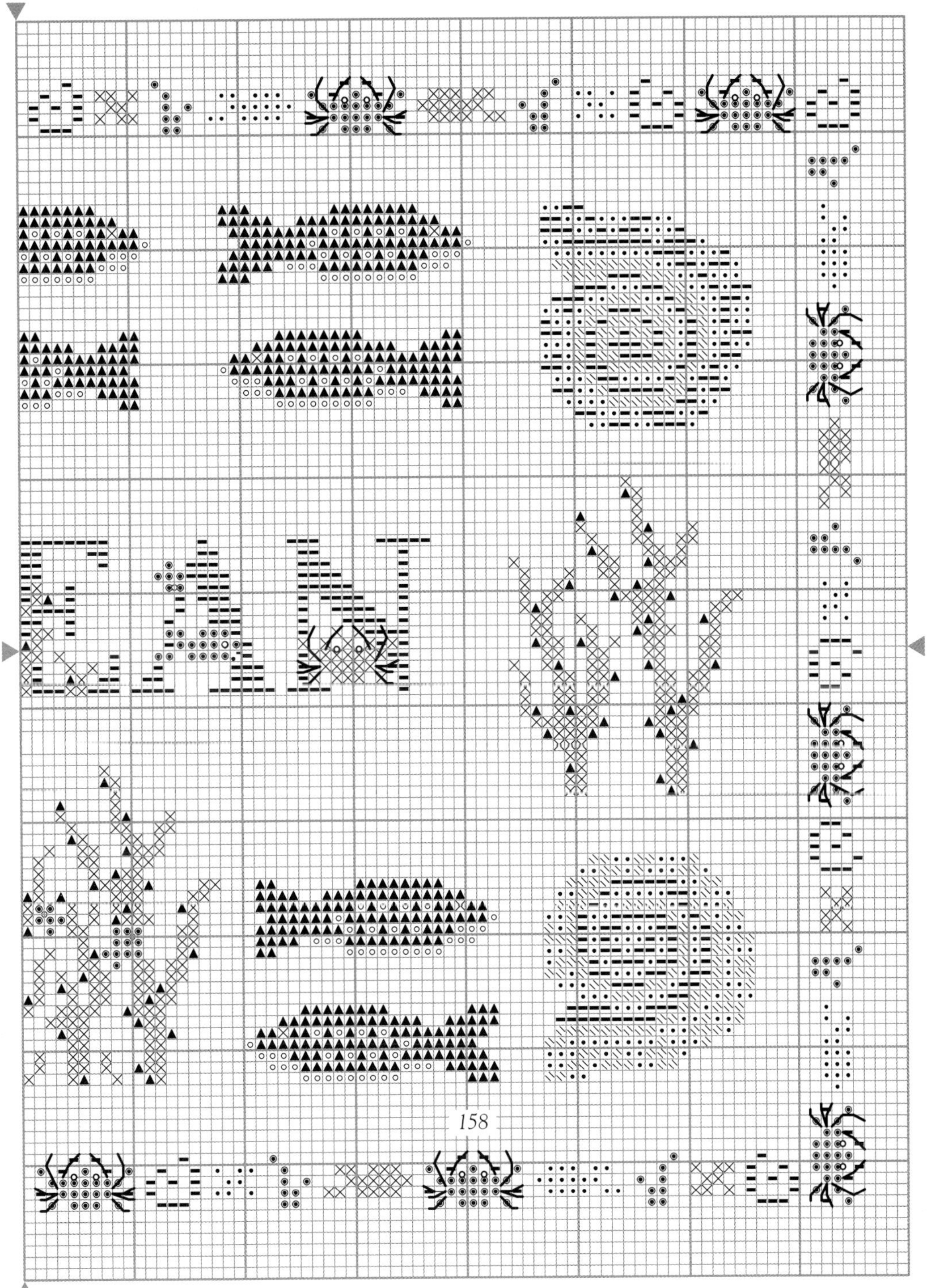
158

1 2 3 4 5 6
1 2 3 4 5 6 7 8

Les frises

Fournitures

• **Toile de lin blanc** *(12 fils/cm)*
38 × 38 cm (10 cm de marge)

• **Mouliné Spécial DMC art 117,**
1 échevette des coloris suivants :
bleu 159, 160, 161, 157, 3839, 3838,
3747, 156, 158, 162, 519, 518

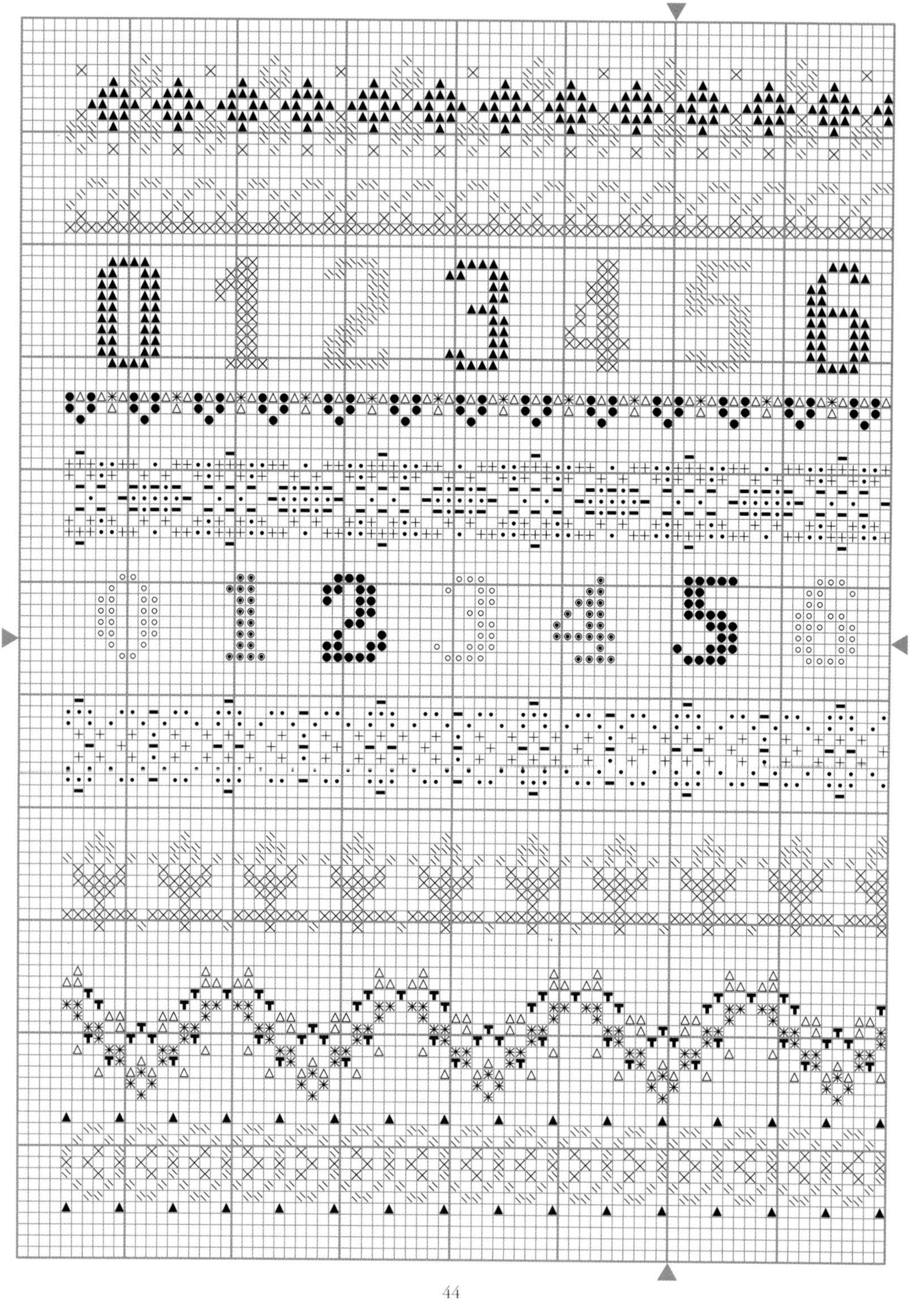

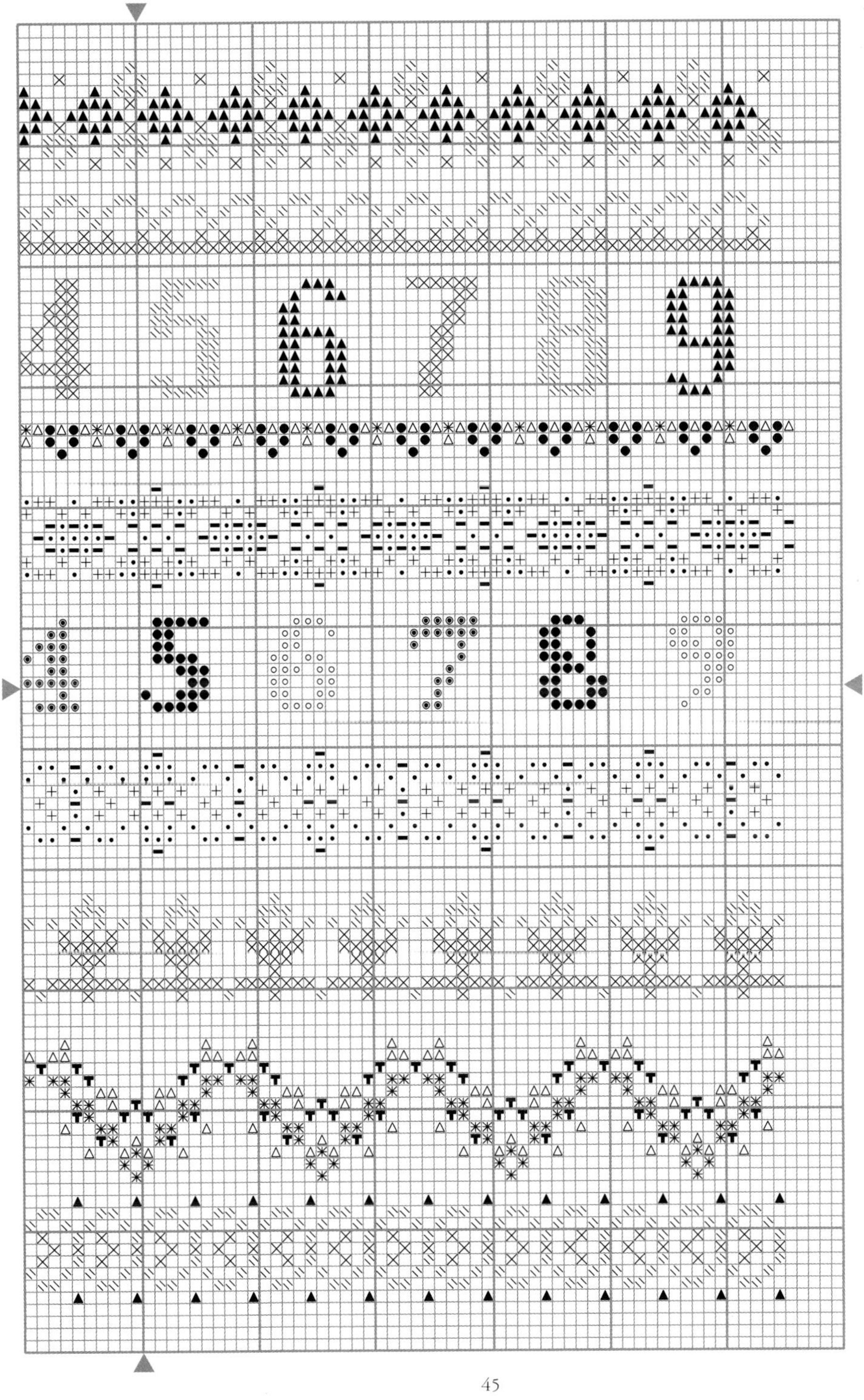

- 159
- 160
- 161
- 157
- 3939
- 3838
- 3747
- 156
- 158
- 162
- 519
- 518

DMC
25
COTON PERLE
DMC
5
COTON A BRODER
COTON PERLE
DMC
8

Les fournitures DMC sont disponibles dans les merceries, les grands magasins et les magasins Loisirs & Création.

Pour connaître le nom des distributeurs des produits DMC des différentes régions, écrire à :

DMC, SERVICE CONSOMMATEURS,
13, rue de Pfastatt, 68057 Mulhouse,
ou téléphoner au 03 89 32 45 28

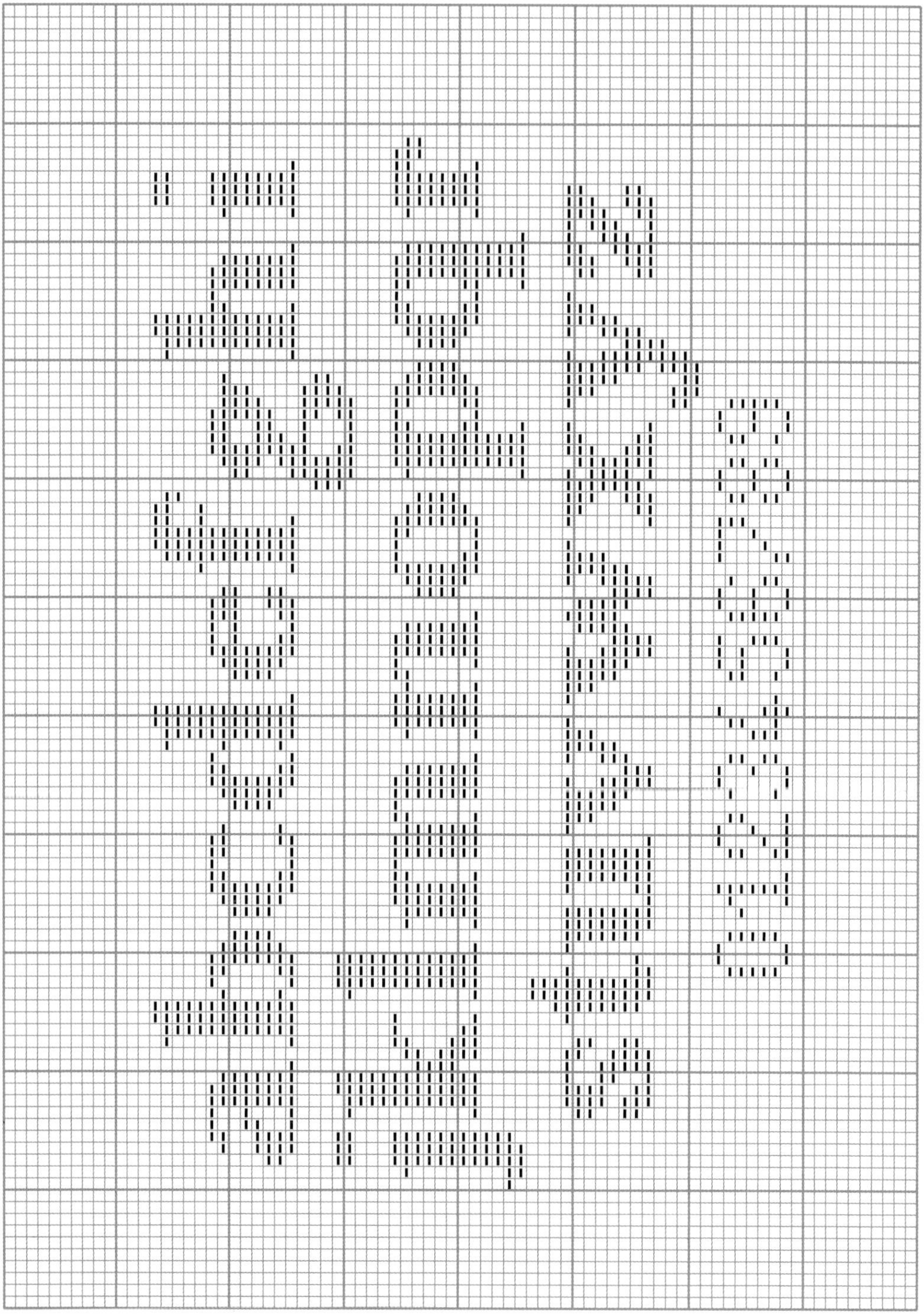